AF267948

LA VÉRITÉ.

LA VÉRITÉ,

OU

GUERRE DE 1813 ET 1814.

« On ne peut s'empêcher de reconnaître dans vos
» destinées la main de cette providence qui vous avait
» marqué de loin, pour l'accomplissement de ses des-
» seins prodigieux. Les Peuples vous regardent; la France
» agrandie par vos victoires, a placé en vous son espé-
» rance, depuis que vous appuyez sur la religion les
» bases de l'Etat et de vos prospérités. Continuez à
» tendre une main secourable à trente millions de
» Chrétiens, qui prient pour vous aux pieds des autels
» que vous leur avez rendus. »

FRANÇOIS-AUGUSTE CHATEAUBRIAND, *Génie
du Christianisme*, seconde édition ;
tome premier, page vj.

GENÈVE.

---

29 Juillet 1814.

AU SOUVERAIN

DE L'ILE D'ELBE.

Toi sur qui reposait toute notre espérance,
Quand vingt peuples unis menacèrent la France;
Héros dont le génie impose à l'Univers,
Sage dans la fortune et grand dans les revers!
Si de traîtres sujets qu'importunait ta gloire,
Par une trahison, d'odieuse mémoire,
Ont vendu leur patrie aux monarques du Nord;
Tandis que dans les camps leur roi cherchait la mort;
Il est plus d'un Français, à la gloire fidelles,
Qui pour elle brûlant de flammes immortelles,

Présageant pour la France un honteux avenir,
Ont de NAPOLÉON gardé le souvenir.
La fortune volage a trompé leur attente;
Mais tu vivras toujours dans leur ame constante :
Ils braveraient encor, pour partager ton sort,
Mille dangers nouveaux, l'esclavage et la mort.

BRULANT d'associer ma vie à ta fortune,
Je m'opposai sans crainte à la fureur commune ;
J'ai vu les courtisans, prodiguant leur amour,
Encenser en tremblant les idoles du jour:
Contre ces vains transports ma raison s'est armée,
Et suivant dans son cours l'auguste renommée,
L'on m'entendrait encor publier tes travaux,
Si ma muse trouvait quelques pays nouveaux,
Un climat étranger, une terre inconnue,
Où ta gloire déjà ne fût pas parvenue......;
Partout on la proclame, et je vois l'Univers,
Admirant tes exploits, gémir sur tes revers.

EN vain la calomnie ose attaquer l'histoire
Du héros dont vingt ans établirent la gloire,
Dont toujours la victoire accompagna les pas,
Dont le puissant génie étendit nos Etats.
Rome et Milan soumis, autrefois sa conquête,
D'une double couronne avaient chargé sa tête.
Partout nos étendards et son char triomphant,
Rendaient le nom français superbe et florissant.
Mais sans avoir recours aux chants de la victoire,
De nombreux monumens garderont sa mémoire.
Tant de monts aplanis, les Alpes, l'Apenin,
Offrant au voyageur un facile chemin ;
Les chefs-d'œuvre sortis des mains de Praxitelle,
Les tableaux de Rubens, de l'Albane et d'Appélle,

Le savoir de Memphis, à Paris transporté,
Attesteront sa gloire à la postérité.
L'anarchie avait fait des lois à son caprice :
Il fit à la terreur succéder la justice
Dans ces jours où les droits avaient été proscrits.
Un décret bienfaisant rendit à leur pays
Des Français malheureux vivant dans l'indigence,
Sous le nom d'émigrés, éloignés de la France ;
Ces ingrats, qu'il comblait de richesse et d'honneurs,
Trouvèrent dans ses dons l'oubli de leurs malheurs :
Accablés sous le poids de la reconnaissance,
Les lâches, ont-ils pu trahir sa confiance.......!
Mais sur les cœurs bien nés ce héros a des droits,
Qui firent en tous temps la puissance des Rois ;
Vous les reconnaîtrez, Français, quand la patrie,
Glorieuse, avec lui, désormais avilie,
Du sort qui la menace envisageant l'horreur,
Des systèmes du jour découvrira l'erreur.

EXEMPT des préjugés qui dominent la France,
L'austère vérité, fruit de l'indépendance,
A seule sur mon cœur étendu son pouvoir ;
C'est elle qui toujours m'enseigna mon devoir.
Libre dans ma conduite et libre en mon langage,
J'ose à NAPOLÉON présenter cet hommage :
Si de mon faible écrit son génie est flatté,
Et si par fois son œil y lit la vérité,
Ce prix, de mes travaux flatteuse récompense,
Peut à mon cœur flétri rendre un peu d'espérance.

LA VÉRITÉ,

ou

LA GUERRE de 1813 et 1814.

En France deux générations se sont fait remarquer par les mêmes opinions; la différence qui a existé entr'elles, c'est que l'une n'avait fait que des plans beaux, mais purement spéculatifs, et que la seconde les a exécutés.

Le dix-huitième siècle avait rêvé, ou pour mieux dire, prédit la grandeur de la France, son influence sur les autres nations, sa domination universelle; la fin de ce siècle et le commencement du siècle suivant, nous ont montré la réalité de systèmes qui, dans l'origine, avaient été regardés comme des chimères.

La Philosophie avait éclairé les Français, elle leur avait appris ce que peut chaque Citoyen animé d'un bon esprit, et tous les Citoyens d'une grande nation, quand ils ont pour but leur indépendance nationale, leur fortune, leur gloire, en un mot, la grandeur de la Patrie. L'homme connaissait sa dignité;

le feu du courage, l'ardeur des conquêtes étaient sur le point de s'allumer; le moindre frottement suffisait pour faire jaillir la première étincelle; le mot de liberté se fit entendre, et de tous les points du territoire on vit partir des hommes dont le dévouement et l'intrépidité ne tardèrent pas à faire des Soldats, à faire des Héros.

Ces masses d'hommes se portèrent spontanément sur la frontière envahie; leur bravoure fit justice de la témérité de leurs voisins, et bientôt ces derniers payèrent cher l'insulte qu'ils avaient faite à un peuple pour qui la paix et la vie n'étaient rien, s'il fallait les obtenir au prix de l'honneur. Aussitôt la Prusse, l'Allemagne, l'Italie et l'Espagne virent dans leur sein, ces armées innombrables, ces armées invincibles, qui, depuis cette époque, les ont plus d'une fois conquises, subjuguées, vaincues, et qui naguère faisaient encore trembler toute l'Europe.

C'est du sein d'un Etat libre, que partaient tous ces braves qui versaient leur sang et donnaient leur vie avec tant de générosité; mais ils furent mal soutenus, que dis-je! ils furent sacrifiés par l'idole au culte de laquelle ils s'immolaient, par la République.

Chimère, hélas trop brillante! Déesse des

grandes ames ! Amour des Philosophes ! tu n'étais pas faite pour eux, la corruption t'a éloignée de leur territoire, tu es trop pure pour régner sur des Français. Oui, s'il est en France quelques hommes dignes de vivre républicains, ils sont bien rares. Que de traîtres la liberté a trouvés ! combien elle a fait d'ingrats ! La plupart des Français sont trop peu philantropes, trop ambitieux, trop égoïstes, pour vivre en démocratie.

Des intentions pures dégénérèrent bientôt : loin de faire de la générosité une vertu nationale, comme elle doit l'être dans une république ; loin de s'en tenir aux idées grandes et libérales des héros de 1790 ; les Français se divisèrent pour des mots dont on méconnaissait le sens ; ce ne sont plus que des Lions acharnés les uns contre les autres ; et bientôt après ils se transformèrent en bourreaux. Le Gouvernement démocratique fut éclipsé, une foule d'ambitieux lui succédant, ils firent de la République l'anarchie la plus despotique, et la tyrannie la plus insupportable.

Cependant la contagion ne gagna pas les armées, et malgré la corruption de quelques-uns des chefs, les soldats poursuivaient leurs conquêtes ; ce n'était plus l'indignation qui les animait ; mais pleins du sentiment de leur force , aimant à faire respecter le nom Français , ils conservaient par leur courage et leur tactique, ce qu'ils avaient enlevé par l'impétuosité et la bravoure ; en un mot, l'art succédant à l'enthousiasme, gardait malgré les oscillations du Gouvernement, l'attitude fière et menaçante que la liberté avait fait prendre aux soldats français, et tous les rois de l'Europe tremblaient encore devant la République, lorsqu'elle n'était déjà plus elle-même qu'un fantôme, une illusion.

Un homme dont on ne peut apprécier le génie, qu'en examinant la beauté de ses systèmes, la force de son courage et la rapide exécution de ses plans, un homme créé exprès pour le peuple français, mis par lui sur le trône, devait achever ce que la Nation avait commencé, faire de la France la capitale de l'Europe, la métropole du monde. Avec l'ambition d'un conquérant et les ressources de la France, Napoléon dût tenter l'envahissement de l'Europe ; aussi, peu s'en fallut que tous les empires de cette partie du globe ne devinssent son domaine particulier.

Un grand peuple, qui ne devait son élévation qu'à lui-même, c'est-à-dire à l'étendue de ses lumières et à la force de ses armes, donnait de l'ombrage à ses voisins, comme aux empires les plus éloignés. Il était parvenu à ce point de grandeur, que son nom seul donnait l'idée de tout ce que l'imagination peut concevoir de sublime, l'esprit de plus parfait, la raison de mieux conçu. Des avantages si extraordinaires et si réels avaient fait de la France un objet de jalousie pour les autres peuples belliqueux de l'Europe, la terreur de l'Angleterre, l'émule de toutes les contrées savantes ; en un mot, ses opérations étaient devenues un spectacle en même temps imposant et plein d'intérêt pour l'univers entier.

En 1812 l'asservissement de l'Europe sous les aigles françaises était sur le point d'être consommé ; mais un de ces coups que la Providence se réserve pour confondre l'orgueil des monarques, vint frapper les armées : et des légions que rien n'avait pu vaincre, qui ne connaissaient d'autres bornes à leur courage que l'impossible, d'autres termes à leurs travaux que la mort ; pour qui la gloire était tout, les armées françaises enfin furent détruites par les vents du Nord.

La conquête ne pouvait plus réussir. Mais les malheurs de Moscou n'étaient rien pour la perte de la France ; Napoléon nous fit connaître quelles étaient les ressources de cet empire ; trois cents mille hommes réunis en moins de deux mois, et un matériel d'armée proportionné , montrèrent à l'ennemi que les Français n'étaient pas encore réduits. En effet, les batailles de Bautzen, de Leutzen, de Hanau, même la mémorable affaire de Leipzik, où les Français furent abandonnés de tous leurs alliés, prouvèrent aux peuples de l'Europe réunis, que dix contre un, ils ne pouvaient vaincre des Français conduits par un habile général. Mais il manquait encore un malheur : la trahison se joignit au désastre causé par les élémens et aux fléaux d'une guerre faite en pays ennemi. La trahison détourna donc la plus grande partie des troupes, et réduisit l'armée française à une centaine de mille hommes qui combattaient contre un million.

L'état militaire de la France, au mois de novembre 1813, était tel, que si l'on excepte ce qui restait de la garde impériale lorsque les troupes alliées se présentèrent sur les bords du Rhin, il n'y avait pas un soldat dans l'intérieur : cependant l'ennemi frémissait en approchant de cette terre illustrée par tant de trophées, de cette terre d'où partait la foudre qui l'avait si souvent frappé, de cette terre, la patrie des héros. Mais en Allemagne, tout manquait aux armées, il fallait prendre un parti ; elles passèrent le Rhin, elles entrèrent en France.

C'est en vain qu'alors le chef du gouvernement engagea les Français à se défendre ; des conseils perfides arrêtèrent le sublime élan des peuples. Dieu veuille qu'un jour les peuples ne portent pas la punition de la conduite criminelle des autorités !

L'issue singulière de cette guerre n'a pas permis de faire connaître les beaux faits d'armes des soldats Français ; mais, il faut l'espérer, l'histoire nous en instruira un jour : elle dira comment les troupes alliées, toujours en nombre quintuple, étaient battues à Monterault, Laon, Craone, Montmirail, Rheims, par l'armée de l'Empereur ; en Bourgogne, à Lyon même par l'armée d'Arragon ; aux portes de Genève, par des conscrits qui n'avaient jamais appris l'exercice : ce sont là des prodiges ; et pourtant ce n'est que la vérité.

Les alliés avaient levé environ douze cents mille hommes ; l'Europe entière, sans en excepter le plus petit Souverain, avait concouru à la formation de ces armées innombrables auxquelles il était impossible à la France d'opposer plus de cent mille soldats. C'était peu d'avoir réuni tant de Puissances contre Bonaparte, il fallait vaincre les Français, ou, plus clairement, il fallait les mettre dans l'impossibilité de se défendre ; on avait donc acheté la plupart des généraux en chef, ceux qui devaient leur fortune à la république, et leur illustration au gouvernement impérial.

Qui est-ce donc qui a résisté pendant trois mois entiers à des masses si considérables ? Qui est-ce qui a retenu l'ennemi éloigné de Paris, depuis le 25 décembre 1813, jusqu'au 30 mars 1814 : c'est Napoléon ; non-seulement par ses talents militaires, son courage, son activité, mais plus réellement encore par l'ascendant de son génie sur la nation Française, et par la terreur qu'il inspirait aux armées alliées, accoutumées à être battues par lui. Il ne faut pas se le dissimuler, lui seul combattait avec un bien petit nombre de soldats, puisque la partie de l'armée où il ne se trouvait pas, ou restait oisive, ou battait en retraite l'arme au bras. Il ne faut, pour en être convaincu, que se rappeler la journée de Montmirail, où Marmont, sans avoir éprouvé aucun échec, battait en retraite paisiblement ; il fut rencontré par l'Empereur, qui le fit rétrograder, et dans la même affaire, les Français firent, en moins de deux heures, six mille prisonniers ; et dissipèrent, sur ce point, le reste de l'armée ennemie.

A cette époque cependant, jouaient tous les ressorts mis en usage par les Anglais ; Marmont attendait le jour où il pourrait livrer Paris sans

exposer

exposer sa vie, Augereau vendait Lyon, Marchant abandonnait ses soldats, et Suchet, restait dans l'inaction : Bonaparte seul se battait, lui seul n'avait pas trahi sa cause et celle des Français ; contre lui on avait réuni un million et demi de soldats ; l'or des Anglais corrompait les Sénateurs, les Législateurs, les Généraux, corrompait l'esprit public dans l'intérieur de la France : toutes ces manœuvres n'avaient pour but que la perte d'un seul homme ; mais cet homme était invincible.

On croira peut-être voir de l'enthousiasme dans cette manière de parler de Napoléon ; qu'on se détrompe : je ne l'ai jamais vu ni servi ; je n'ai, par conséquent, jamais reçu de lui, ni récompenses ni honneurs. Mais, né dans un sol républicain, mon esprit et mes pensées sont aussi libres que l'air des montagnes qui m'ont vu naître : dans ce pays, tout le monde est soldat ; nous avons tous, les uns pour les autres, une estime que nous achetons et payons de notre sang. Nous avons plus d'égards et de soins pour la famille du brave mort à son poste, que pour celle d'un maréchal d'Empire ; aussi le besoin de mériter l'estime d'hommes libres, nous met à l'abri des trahisons.

S'il n'y avait eu en France que des soldats, les innombrables armées alliées n'eussent jamais

repassé le Rhin ; cette vérité devient palpable ,
en comparant le nombre d'hommes que l'ennemi
a perdus, au petit nombre de Français qui combattaient. Mais quels soldats ont combattu !
Rien n'égale leur courage et leur dévouement ,
si ce n'est la lâcheté des généraux qui les ont
trahis. Consolez-vous, braves qui n'avez connu
que l'honneur : l'histoire, en parlant de vous ,
apprendra à vos neveux des faits d'armes, des
traits d'héroïsme et de désintéressement dont
aucun peuple n'avait encore donné l'exemple ;
la même histoire tracera les noms exécrables
des Marmont, des Talleyrand, des Ney, des
Dupont, des Augereau, des Marchant, et vous
serez assez vengés.

La fin de la guerre, ou plutôt, le dénouement
du drame approchait, et l'on était loin de le
prévoir. La France avait une armée en Italie ,
et l'on comptait beaucoup sur cette armée ;
mais tout avait été prévu par le cabinet astucieux de Londres. Un prince , frère de l'empereur des Français, que ce dernier avait fait
successivement général, maréchal d'Empire ,
grand-amiral, enfin roi de Naples ; ce prince
tourne tout-à-coup ses armes contre sa patrie
et contre son frère, et, par ce coup imprévu,
toute opération de l'armée d'Italie se trouve
paralysée.

Murat, dont la conduite a déconcerté les politiques les plus expérimentés, Murat dont le nom fait encore frémir les cœurs Français, après avoir pris possession des villes et des places fortes d'une partie de la Toscane et des Etats de Rome, déclara qu'il combattait de concert avec les alliés. Cette conduite étonna d'autant plus, qu'elle se trouvait en opposition avec celle d'un prince qui a donné l'exemple de la plus noble fidélité et du courage le plus désintéressé. De même que le roi de Naples, le prince Eugène devait tout à Napoléon, et pouvait tout conserver en le trahissant; mais des vertus héroïques, héréditaires dans sa famille, l'ont garanti de la contagion universelle; c'est le sang des chevaliers Français dans toute sa pureté qui coule dans les veines du prince Eugène; aussi rien n'a pu le corrompre, ni l'or des Anglais, ni l'offre d'un Royaume, ni la crainte de la mort; mais, si l'estime de tous les peuples peut compenser ce que le vice-roi a perdu, il est bien dédommagé aujourd'hui.

Toujours fidèles à l'honneur, dans quelque lieu de la terre qu'ils se trouvent, les soldats français qui étaient au service du roi de Naples, en apprenant les intentions de leur maître, refusèrent d'obéir, et revinrent en France; il manquait un trait semblable au portrait de Murat:

la conduite des braves qui l'abandonnèrent a fourni la dernière ombre au tableau, et fait ressortir tout ce que la figure principale a de dénaturé.

Si c'est pour conserver son royaume que Murat en a agi de la sorte, qu'il a été impolitique! quel était le but des nations coalisées? de détrôner l'empereur Napoléon, afin que la France perdît une prépondérance que ce grand homme lui avait acquise; et qu'il pouvait seul soutenir. On doit bien penser qu'un prince de sa famille, assis sur un trône, sera toujours vu d'un œil d'envie par ceux qui ont de prétendus droits à ce trône; et Murat, seul roi de son sang, peut-il croire que cette foule de monarques qui se sont coalisés contre son frère qu'ils regardaient comme un intrus à la royauté, auront plus d'égards pour lui? Les puissances de l'Europe craignent trop Bonaparte, elles n'ont d'autre but que d'anéantir tout ce qui peut lui être de quelque secours, et voudront le priver de tout refuge, trop persuadées que, s'il combattait quelque part, son nom seul lui attirerait le cœur des soldats, qui le regardent avec raison comme le premier Capitaine du monde. Ainsi Murat s'est, de gaîté de cœur, privé de son appui; Bernadotte, François second même en ont fait autant: en vérité, il me semble lire la Fable des membres du corps humain qui se révoltent contre l'estomac (1).

Nous voici parvenus à la fin de cette guerre et à l'abdication de l'Empereur. Quel effet ces évènemens vont-ils produire ? Depuis 25 ans nous faisons la guerre, et nous perdons des hommes ; la paix, la paix seule peut nous rendre l'abondance et le bonheur ; qui peut ramener la paix, si ce n'est un Bourbon ? Voilà le résumé de tous les discours que tenaient les ennemis de Napoléon. Quels étaient ces ennemis ? des Français qui ne souffraient point de la guerre, qui n'avaient ni fils aux armées, ni terres restées incultes, ni rentes sur l'Etat ; c'étaient des nobles, qui, ayant émigré au commencement de la révolution, avaient été proscrits par le gouvernement républicain, mais que Bonaparte avait rappelés en France, lorsqu'il monta sur le trône ; des nobles qu'il avait comblés d'honneurs et de biens, en donnant des emplois lucratifs à ceux qui étaient sans fortune, et des places d'honneurs aux riches.

Une partie du peuple avait été séduite par ces plaintes, qui avaient quelque fondement, et la paix quelle qu'elle fût paraissait l'unique

____

(1) On voudra bien se rappeler que l'auteur écrivait ceci au mois de juillet 1814.

sauveur de la France. Nous verrons bientôt quelle était son erreur, si elle ne pouvait obtenir qu'une paix onéreuse.

Les coalisés entrent enfin dans Paris, annonçant qu'ils y apportent la paix. Quels étaient ces pacificateurs? des soudoyés de l'Angleterre; des Princes et des Généraux qui depuis plusieurs années recevaient de l'or, et communiquaient avec les cabinets de Londres; un Schwartzenberg qui n'a pas eu honte de sacrifier son maître à l'ambition de ses stipendiaires; qui, pour de l'argent, vendait François II, Marie-Louise, le Roi de Rome, et faisait verser le sang des armées Autrichiennes: mais aujourd'hui l'Empereur d'Autriche a ouvert les yeux sur la conduite de ce traître.

L'Empereur Alexandre arrivé en France derrière 500000 soldats, jouait à Paris le rôle de Matamore et se croyait un grand homme; pardonnons-lui cette faiblesse: les Français eux-mêmes se prosternant devant lui, répétaient sans cesse à ce prince: Vous êtes brave, vous êtes bon, vous êtes généreux, vous êtes grand; et à sa place qui ne l'aurait pas cru? Il est si facile de tromper les hommes, et surtout les Rois qui n'ont jamais entendu la vérité.

Les louanges que l'on prodiguait au Czar de Russie avaient cela de singulier et de choquant, qu'elles tendaient à établir un parallèle entre ce prince et Napoléon. Comparons-les aussi un moment, et nous verrons qui doit l'emporter. Si on les envisage comme soldats, l'un n'a jamais commandé d'armée, n'a jamais vu l'ennemi à la portée du canon; tandis que l'autre, passant successivement par tous les grades de l'armée, est devenu, par son courage et ses talens, de simple sous-lieutenant; général d'armées immenses. Alexandre est bon, dira-t-on? Mais, né Roi, jamais ce prince n'a été contredit, n'a entendu de discours qui lui déplût; sa bonté n'a donc jamais été mise à l'épreuve; on ignore donc jusqu'à quel point cette vertu existe chez lui. Bonaparte, au contraire, a été pendant long-temps officier subalterne, et l'on sait combien il y a à souffrir de la part des supérieurs, surtout lorsque ceux-ci manquent d'éducation, comme la plupart des généraux de la république. Lequel est plus généreux? Alexandre n'a fait aucun mal dans Paris : mais, que l'on compare son entrée dans cette ville avec l'entrée de Napoléon dans toutes les villes d'Italie, à son entrée dans Francfort, Vienne, Berlin, etc. Il entrait partout de vive force, ses aigles terribles avaient renversé tout ce qui pouvait s'opposer à son passage, et pourtant les peuples conquis voyaient les légions françaises dans la plus parfaite sécurité. Ici les choses sont bien différentes; c'est en vertu de traité qu'Alexandre entrait dans Paris, et le combat qui s'est donné aux portes de cette ville, était un combat de convention qui, d'après des conditions stipulées, devait avoir l'issue qu'il a eue. Toute la générosité d'Alexandre consiste donc à avoir tenu ses engagemens. En dernier résultat, Bonaparte, retiré dans une île peuplée d'environ 8000 hommes, fait encore retentir l'univers du bruit de ses exploits; il est encore l'effroi de tous les rois de l'Europe; il compte autant d'admirateurs que le monde contient d'êtres pensans et raisonnables. Le nom d'Alexandre, oublié de la plupart des hommes vivans, ne rappelle autre chose que le Souverain de la Russie, et dans quelques années ne tiendra de place nulle part que dans l'almanach Russe. Elle est bien peu de chose, la grandeur qui ne consiste que dans l'illusion : le rôle finissant, elle finit avec lui.

Une tache qui ternit à jamais l'histoire d'Alexandre, c'est son système de guerre; il y a parmi ses troupes des hordes de brigands appelés Cosaques, dont toute l'utilité consiste à faire du mal aux paisibles habitans des pays qu'ils parcourent : vols, sacrilèges, pillages, viols, meurtres, voilà les actes qui nous ont fait connaître ce qu'était cette partie de l'armée du loyal Empereur de Russie. Si du moins ces brigands avaient quelques-unes des vertus militaires, la bravoure, la générosité, ou tout autre qualité de l'homme : mais non, ce sont des loups qui dévorent les agneaux timides, et qui fuyent à l'aspect du Berger ; c'est contre des femmes sans défense, des vieillards pleins d'infirmités, que ces lâches exerçaient leurs cruautés. Que l'on se plaigne maintenant que les Français ont ravagé l'Europe : leur passage a-t-il jamais été marqué par tant de lâchetés que celui des armées Russes ?

Et c'est le prince qui a permis cette guerre atroce à ses soldats, que l'on ose comparer à un général qui, pendant qu'il commandait les Français, s'est fait connaître par près de cent victoires remportées successivemeet sur tous les généraux de l'Europe, et souvent sur tous ces généraux réunis ; par cent victoires, dont une seule suffirait pour immortaliser un capitaine : à un monarque qui, pendant son règne, en butte au parti royaliste comme au parti républicain, imposait par la force de son génie aux souverains ses ennemis, tandis que dans l'intérieur de ses états il entreprenait et achevait des travaux dont l'idée seule avait étonné ses prédécesseurs !

Si les forces militaires de la France épouvantaient les étrangers, les routes qui ne faisaient de l'Italie et de la France qu'un même Empire, des ports d'une beauté incomparable, des canaux immenses et des monumens sans nombre, en offrant à ces mêmes étrangers le spectacle du plus grand des états, leur prouvaient en même temps que si Napoléon était le premier des généraux, il était aussi le plus habile des Administrateurs.

Revenons où nous en sommes restés dans l'ordre des temps : ici les évènemens se succèdent avec rapidité ; la déchéance de Napoléon Bonaparte, l'appel de Louis Bourbon au trône, ont été des scènes d'autant plus surprenantes, qu'on était loin de s'y attendre, et pourtant elles ont eu lieu sans effusion de sang, sans guerre civile ; mais il en est une bonne raison : la paix parut certaine dès ce moment ; c'est là ce qui retint toute espèce de sédition, ce qui étouffa jusqu'au moindre germe de guerre intestine. Aujourd'hui, qu'on nous dise où est cette paix, où sont les heureux effets qu'elle a produits. Je n'émets aucune opinion sur l'avantage que la France peut retirer du retour des Bourbons ; il me semble seulement que la guerre faite à l'Empereur, la paix qui doit la suivre, n'ont pas précisément pour but le bonheur de la France , mais bien d'enlever tout obstacle à l'ambition d'un peuple qui jamais ne fut son ami.

Louis-Stanislas Bourbon est monté sur le trône de France; le Sénat l'y a appelé au nom du peuple Français: le Sénat a-t-il dit la vérité? Il faudrait pour le savoir, consulter tous les Français. Mais, que penser du silence terrible que le peuple des campagnes et de la plupart des villes a gardé jusqu'à présent? De plus judicieux que moi l'interpréteront s'ils l'osent.

Cette paix désirée depuis tant d'années , attendue avec tant d'impatience, annoncée avec tant d'emphase, s'est enfin faite, ou du moins on nous l'a dit; car on n'a vu éclater ni ces transports de joie que retenait le mauvais état des affaires, ni l'allégresse que devait causer le retour des braves frères d'armes. Loin de là, le petit nombre de soldats restés sous les drapeaux, sont rentrés dans l'intérieur l'air triste, l'œil morne, le désespoir dans le cœur. Cés guerriers, autrefois les vainqueurs

du monde, n'osent aujourd'hui lever les yeux
pour envisager leurs compatriotes, leurs
amis, leurs frères; on dirait que dans
leur chagrin ils craignent de se voir reprocher
l'envahissement de la France; chacun d'eux
semble dire par son silence: « O Français,
» si vous nous aviez vu combattre, vous sau-
» riez avec quel plaisir nous donnions notre
» vie pour vous épargner les malheurs de la
» guerre, avec quel empressement nous avons
» abandonné nos belles conquêtes de l'Es-
» pagne et de l'Italie pour vous délivrer de
» l'ennemi qui ravageait vos foyers; que ne
» sommes-nous morts au champ d'honneur,
» nous n'aurions pas connu la honte......!
» Mais, vous le savez, nous avons été trahis,
» notre maître, et vous aussi l'avez été. »

Ainsi s'est terminée cette grande lutte entre
la France et l'Angleterre; car aujourd'hui l'on
ne forme plus aucuns doutes sur le but de
cette guerre, et les autres gouvernemens com-
mencent à ouvrir les yeux sur la conduite
des Anglais et sur leur machiavélisme. On
a reproché à l'Empereur Napoléon d'avoir de
l'ambition : mais quelle différence avec celle
des insulaires! Bonaparte n'a jamais employé que ses talens et les ressources de
la France; tandis que l'Angleterre s'épui-

sait non-seulement en hommes pour combattre, mais en argent pour payer les armées coalisées contre la France : corruption de ministres, séduction de généraux, assassinats de citoyens fidèles, elle a tout employé. Elle a fait massacrer, pour parvenir à son but, les soldats de la Russie, ceux de la Prusse, de l'Allemagne, de la France, de l'Italie et de l'Espagne ; c'est elle qui a fait rompre les traités de paix de Vienne, de Vagram, de Tilsit ; qui a empêché que la paix ne se conclût à Moscou, et enfin, qui a fait rompre le congré de Châtillon-sur-Seine. Mais elle a réussi, et cela aux dépens de tous ces peuples dont elle s'est servie pour l'exécution de son plan de domination universelle.

Examinons un instant quelle est aujourd'hui la puissance de l'Angleterre ; mesurons s'il se peut la hauteur de ce colosse effrayant : elle avait une rivale dans la France, elle l'a tellement affaiblie, épuisée et rétrécie , que désormais elle n'a plus rien à redouter de cette nation, la seule qui pût lutter avec elle. Comme puissance maritime en Europe, elle tient Corfou, l'Archipel, la Sicile, Malte et Gibraltar, c'est-à-dire toute la Méditerranée; l'Océan est devenu son domaine exclusif, surtout par le dernier traité qui lui réserve l'Ile-de-

France, la seule où le pavillon Français pût faire de l'eau, dans la traversée ; il faudra dorénavant que les vaisseaux de la France, s'inclinant devant ceux de l'Angleterre, leur demandent la permission de se procurer les choses de première nécessité, de l'eau pour boire, et des matériaux pour se radouber. Les Anglais ont-ils pensé séduire la France, en annonçant qu'elle recouvrait ses colonies ? Mais quand il ne faudrait pas, pour les posséder de nouveau, engraisser encore une fois de sang les terres du Nouveau-Monde, comment les exploiter ? On défend aux Français la traite des Nègres ; il faut donc attendre encore dix ans pour qu'ils retirent le moindre revenu des colonies. Ne croyez pas, peuple astucieux, que l'on ait été trompé à cette offre de cession : *Timeo Danaos et dona ferentes.* Par un dernier coup de politique qu'elle seule pouvait imaginer, l'Angleterre a fourni un Roi à la France ; et quel est ce Roi ? Un homme qui lui doit la conservation de sa vie, sa fortune, son trône ; un monarque enfin qui ne pourrait, sans être taxé d'ingratitude, tourner ses armes contre elle. Mais qu'elle ne s'y trompe pas, le besoin des peuples l'emportera sur les devoirs particuliers du Prince, et sa grande ame se mettant au-dessus des règles communes, montrera sans doute qu'elle a plus à cœur l'honneur de la France que l'intérêt de l'Angleterre. Quel serait, hélas! l'état politique de la France, si elle était forcée de conserver son système actuel? Il y a trois mois, elle était la première des nations : aujourd'hui elle en est le jouet. Que ce mot ne vous blesse pas, Français; il n'en est point d'autre dans votre langue, qui puisse donner une idée plus juste du rôle que vous jouez.

En vain direz-vous pour vous disculper, que Bonaparte était un tyran dont le despotisme vous pesait trop pour venir à son secours, et qu'il vous tardait d'en être délivrés. Quel est donc ce peuple qui, en 1792, n'a pas rougi de conduire à l'échafaud un prince innocent, et qui, en 1813, n'osa s'opposer à l'ambition d'un autre monarque? Où sont ces cœurs si dévoués au bien de la patrie? Ce ne sont plus que des ombres que l'on évoque en vain. Il est donc bien vrai, ô Français, que c'est seulement dans l'exécution des crimes que vous montrez de l'énergie. En l'an sept l'anarchie vous dévorait: un homme parut à même de vous sauver; vous volâtes au-devant de lui, vous l'appelâtes à grands cris; Bonaparte vint vous délivrer d'un mal dont vous ne pouviez vous délivrer vous-mêmes (1). En 1813, la guerre s'est faite en France ; la crainte de voir vos propriétés ravagées vous a retenus , et vous n'avez opposé aucune défense à l'ennemi ; vous vous êtes contentés de dire : c'est inutilement que nous repousserions ces armées , l'Empereur recommencerait une guerre après la fin de celle-ci.

Voilà pourtant par quels discours les Français prétendent se laver de la honte d'avoir été vaincus, d'être tombés sous l'influence des autres peuples et surtout de l'Angleterre. Quand ils ne sont pas conduits par une tête forte , les Français ne savent rien entreprendre , rien exécuter. Malgré toutes ces plaintes , de deux partis il en fallait prendre un : ou se réunir autour du Prince, défendre la patrie , repousser l'ennemi , faire la paix

---

(1) C'est dans ce moment que la providence appelle du fond de l'Egypte, presque seul, sur un petit bâtiment , à travers une mer couverte de vaisseaux, un homme qui, en abordant sur nos côtes, n'apportait d'autre force que celle de son nom, et, dès qu'il eut touché le sol de la France, elle fut sauvée. Tout se rangea presque de soi-même devant celui qui seul réunissait la volonté, le pouvoir et le talent de gouverner, et la France commença dès ce moment à rentrer dans le rang des nations civilisées.

Laharpe , *discours prononcé le 3 frimaire an 9.*

(et

(et il n'y avait que Napoléon qui, secondé par le peuple français, pût renverser cette coalition terrible que l'Angleterre avait formée contre lui) ; ou bien il fallait arrêter la marche du géant qui, au mois d'octobre 1813, menaçait la frontière ; il fallait alors dire à l'Empereur : ou la paix : ou ta déchéance sera le prix d'un refus. Voilà comment parlent des hommes. Il n'était donc personne à même d'expliquer vos peines à ce maître terrible ; il produisait donc sur vous l'effet de la tête de Méduse. Hé quoi ! Français, vous osiez vous dire les conquérans de l'Europe, les maîtres du monde, le peuple souverain ; et au nombre de quarante millions, vous n'avez pu vous opposer à |la volonté d'un seul. Autrefois, pénétrée d'horreur pour la tyrannie, une femme vint isolément, sans autre secours que la force de sa conscience, vint, dis-je, plonger le poignard dans le sein d'un usurpateur. O Cordai, toi dont l'ame empreinte d'un républicanisme si pur, fit avec tant de courage le sacrifice de ta vie ! toi dont les fastes de la Grèce et de Rome n'offrent aucun modèle ! aujourd'hui que penserais-tu de ces mêmes Français pour lesquels tu t'es immolée ; de quel œil verrais-tu leur avilissement ? Ah! si ton ombre auguste sortait pour quelques instans de sa retraite sacrée, et se trouvait au milieu de tes compatriotes, alors ils se reconnaîtraient, ils rougiraient d'eux-mêmes, ils couvriraient leurs visages pour les dérober à ta vue, la terre ne serait pas assez profonde pour y cacher leur honte.

Enfin cet homme qu'on avait tant désiré en France, qui avait porté la terreur par-tout, dont les Français se sont plaints avec tant d'amertume après l'avoir recherché avec tant d'empressement, il a cessé de régner. A sa chûte, le calme est rentré dans l'ame de tous les potentats de l'Europe qui tremblaient pour leurs trônes, dont à chaque instant il ébranlait les colonnes; sa déchéance a été le triomphe des Anglais, la consolation de la Prusse, la vengeance de la Russie, parce qu'avec lui sont tombées la gloire et la force du nom Français. A son départ, on a vu les armées françaises se dissoudre, et ces vieux guerriers dont l'aspect seul dissipait les cohortes ennemies, désormais sans chef, sans ressources, ne sont plus dans l'intérieur de la France que des objets de compassion pour les ames sensibles, et de regrets pour ceux qui attachent encore quelque prix à la gloire nationale.

Ainsi finit votre grandeur, Français, et les vingt années de sa durée, ne marqueront plus que comme un point dans l'immensité des siècles. Allez désormais chez vos voisins y porter les productions de vos arts; allez y chercher l'instruction ou le plaisir, vous verrez que votre nom, naguère un titre d'honneur pour vous, qui était du moins une garantie par la crainte et l'admiration qu'il inspirait, n'est plus aujourd'hui qu'un sujet de mépris, un titre d'humiliation. *Non ampliùs estis, cives Romani.*

RÉSULTATS.

Lorsqu'après une longue suite d'accès violens et répétés, un malade cesse d'avoir la fièvre, il tombe dans un état de faiblesse et d'abattement qui lui ôte jusqu'à la volonté de faire telle ou telle action, d'employer un remède quelconque pour sa guérison. Tel est l'état où se trouvent, non-seulement la France, mais encore plusieurs royaumes de l'Europe, tels que l'Espagne, l'Italie, l'Allemagne, la Belgique et la Flandre.

Ces pays avaient été en partie conquis par les Français; un joug étranger fatiguait les peuples; ils sont rentrés sous leur ancienne domination : sont-ils plus heureux? Ferdinand a signalé son avènement au trône par des actes de tyrannie qui font présager un règne de proscription et de sang. C'est en bannissant ses sujets qu'il récompense la fidélité qu'une partie d'en-tr'eux a gardée à sa famille ; c'est en rétablissant l'inquisition qu'il leur apprend combien il a acquis de philosophie et d'humanité ; enfin , c'est en punissant ceux qui ont été forcés de servir sous un autre gouvernement, qu'il fait preuve de charité, de désintéressement et de générosité. L'avenir nous apprendra si l'Es-pagne, en proie à une guerre civile qui s'annonce avec les symptômes les plus terribles, sera plus heureuse qu'elle n'aurait pu l'être étant alliée avec la ci-devant grande nation : si elle se détruit elle-même, c'est une grâce de plus qu'elle pourra rendre aux Anglais.

Les peuples d'Italie n'ont pas été plus favorisés par ce changement ; ils voient revenir cette foule de petits souverains à qui obéissait chaque principauté, et tous ces princes rentrent aujourd'ui la vengeance dans le cœur, et ne rapportent dans leurs états que la pauvreté qui ne concourra pas à rendre leur domination plus supportable. Déjà le Piémont éprouve toutes les vexations d'un gouvernement pauvre et despotique, à la tête duquel se trouve un Roi dévot, et par conséquent vindicatif. Quant aux autres provinces de l'Italie , sujets éternels de discussion entre différents monarques, elles sentent déjà combien il est malheureux de perdre des appuis comme la France et son Empereur; ces pays ne peuvent, d'après l'ordre de choses actuel, rester long-temps sans troubles : heureuse la France si elle ne les voit qu'en perspective !

Si l'on examine quelle sera désormais et quelle est déjà la position des conquêtes de la France, sur la rive gauche du Rhin et au nord de son territoire, on ne trouve pas que les peuples aient à se féliciter du changement, sur-tout la Belgique et plus particulièrement encore la Flandre qui perd tout par sa séparation d'avec la France. En effet, entourée de douanes du côté de cet état, il ne lui reste aucun débouché pour ses marchandises, puisque les Anglais, loin de lui favoriser une sortie, inondent au contraire son territoire de tant de marchandises, que les manufactures flamandes restent oisives et les ouvriers dans la plus grande pauvreté. D'ailleurs, partant de cette vérité, que les Anglais dominent en Europe, on voit que les pays qui ne seront plus soutenus sur terre par les armes françaises, resteront à la merci des dominateurs des mers. La France servait d'entrepôt aux marchandises belges et flamandes, pour les transporter ensuite dans tous les royaumes de l'Europe ; aujourd'hui l'expor-

tation n'aura plus lieu. Mais c'est principale-
ment de la France que je m'occupe; pour bien
connaître quel est son sort, je l'envisagerai
sous tous les points de vue de la politique, du
commerce, de l'agriculture, des arts, en un
mot, de tous les moyens qui font la fortune
et la splendeur des Empires.

ÉTAT POLITIQUE.

*Si j'étais Roi de France, je ne voudrais pas
qu'il se tirât un coup de canon en Europe sans
ma permission.* Le Roi, qui parlait ainsi, connaissait mieux, que la plupart des Français, les
ressources que la France peut tirer de sa situa-
tion topographique, de son immense population et de la bravoure de ses soldats, pour
parvenir à la domination universelle.

Napoléon, qui avait apprécié tous ces avantages, les faisait valoir; il tenait la France
sur un pied si imposant, que pendant dix années, lorsqu'une puissance osait braver son
autorité ou insulter à la nation, elle était aussitôt réduite; les effets de la foudre ne sont pas
plus prompts. On a encore présentes à la mémoire les campagnes d'Austerlitz, de Vagram,
d'Iéna, où six semaines suffisaient pour décla-
rer la guerre, battre les ennemis, soumettre les
empires, et leur donner la paix. La plus fameuse
et en même temps la plus fatale des campagnes

de l'Empereur, celle de Moscou, le plaçait enfin dans l'hypothèse supposée par Fréderic. Cette guerre commencée avec tant d'avantages, dans les temps les plus propices, avait mis Bonaparte à même de faire un traité qui l'aurait rendu protecteur de toute l'Europe. Empereur de France, roi d'Italie, frère des rois de Naples et d'Espagne, uni par le plus saint des nœuds à la maison d'Autriche, occupant la Prusse, la Pologne et la Russie, qui aurait refusé de traiter avec lui? quel Prince ne se serait pas glorifié d'être l'allié du premier roi du monde? quel monarque assez insensé aurait voulu s'exposer à sa colère? Mais un traité conclu dans ces conjonctures, un traité fait avec Bonaparte maître du continent, un traité d'alliance générale, n'était autre chose que l'établissement du système continental; ce système perdait l'Angleterre: l'Angleterre a donc tout fait alors pour empêcher la conclusion de ce traité, et a causé tous les maux qui ont suivi l'inexécution de la grande entreprise.

Si les faits ne se fussent pas passés sous nos yeux, nous regarderions comme fabuleuses la grandeur de la France en 1812, et la puissance de Bonaparte. Régnant sur la France et l'Italie, commandant depuis les rives de la Vistule jusqu'aux colonnes d'Hercule, depuis les bords de l'Océan en France jusqu'au Danube, et portant son influence jusque sur les bords de la mer noire : cette puissance gigantesque ne nous étonnait pas, parce que nous nous y étions insensiblement accoutumés. Mais qu'en diront les siècles futurs, quand ils verront dans l'histoire, ce colosse s'élever au-dessus de la grandeur Romaine, de celle de Charlemagne, de Charles Douze, de Charles Quint, et laisser si loin derrière lui des conquérans qui avaient déjà étonné le monde.

La France était non-seulement une puissance du premier ordre, mais elle était la première de toutes. Par la guerre de 1814, par l'issue de cette guerre, par le changement dans le système du Gouvernement, elle est descendue au troisième rang parmi les empires de l'Europe. L'Angleterre, la Russie, la Prusse et l'Allemagne tiennent le premier rang ; l'Espagne, Naples et la Turquie occupent le second ; la Suède, la Pologne et la France sont au troisième. Cette manière de les classer sera peut-être regardée comme une exagération ; mais en raisonnant un instant, elle devient une vérité. Trois choses constituent un état et font sa puissance ; savoir : l'étendue territoriale, les finances, les armées. La France a été réduite d'un tiers environ, et cette réduction lui a enlevé ses provinces les plus riches et les plus peuplées, qui étaient la Belgique, la Flandre, les bords du Rhin, les rives du Léman et le Piémont.

Les finances sont nulles; bien plus, le gouvernement prétend avoir une dette de près de deux milliards (1), sans espoir de pouvoir la payer; perdant toute espérance de commerce sur mer, et la partie la plus lucrative du commerce continental, il en résultera une stagnation dans les affaires, qui, diminuant les revenus du fisc, portera un dernier coup à l'état des finances.

Je ne compte point encore ici dans les causes de la diminution des finances, les millions en or et en argent qui entraient d'Italie en France, tandis qu'il était défendu de porter, pour le compte du gouvernement, l'argent de France

(1) Ce n'est pas sans étonnement que, dans tout l'Empire, on a vu l'état des dettes du gouvernement porté à une somme si extraordinaire : on pouvait d'autant moins croire à ce mensonge grossier, que tous les services militaires et civils avaient été payés jusqu'au moment de l'invasion de chaque province de la France, ce qui suppose jusqu'au courant de janvier 1814; ainsi, c'est gratuitement qu'on a eu l'impudence d'accuser l'ancien gouvernement de cette accumulation de dettes ; un prêtre seul était capable de cette supposition, et le ministre M. l'a fait.

en Italie ; on sent combien, par ce moyen, il entrait de numéraire qui, une fois mis en circulation, mettait à l'aise le négociant, le rentier, le propriétaire, le laboureur, puis enfin le gouvernement, qui ne peut être riche si les citoyens ne le sont pas. Ainsi, quand on pourrait suppléer aux autres inconvéniens, on ne parviendra jamais à remplacer ce moyen d'apporter de l'argent en France. On voit donc que, sans pousser les recherches bien loin, sans établir des hypothèses idéales, sans faire aucune supposition arbitraire, il restera constant que le changement seul dans le système du gouvernement, perd à jamais les finances ; qu'ainsi la France ne peut tirer aucun parti de ce moyen-là pour rétablir sa prépondérance.

Le troisième moyen pour l'empire de se faire respecter et de soutenir sa dignité à côté des autres puissances, c'est d'avoir des armées qui inspirent sinon le respect, au moins la crainte. Pendant le règne de Napoléon, si l'on en excepte les cinq derniers mois, les armées ont toujours été d'environ 500,000 hommes, et sur-tout de bons soldats : il possédait si bien l'art de les former et de s'en faire chérir. Aujourd'hui l'on ne peut se dissimuler que les armées ne soient encore dans un plus grand désordre que les finances ; et je crois qu'il serait impossible de

trouver cinquante mille hommes sous les drapeaux, tant la désertion a été grande au moment de la déchéance de l'Empereur.

On répondra peut-être à cela : que la France
a encore une foule de soldats que l'on peut rappeler, et outre cela, des hommes dont on peut
faire des soldats ; mais cette objection sera
d'abord détruite. 1.º La France possédait en
Italie et sur les bords du Rhin, des places fortes
où, pendant la paix comme pendant la guerre,
il se faisait un service très-actif, qui formait
mieux les soldats en six mois, qu'ils ne pourront se former en France pendant plusieurs
années.

2.º La France avait une foule d'officiers de
fortune, qui, parvenus par leur bravoure et
leurs connaissances dans la tactique, étaient
à même de former les soldats à l'exercice, et
de les conduire au feu : aujourd'hui presque
tous ces officiers sont licenciés, soit parce qu'ils
deviennent inutiles, soit par un changement
nécessaire dans l'ordre des choses ; ils doivent
céder la place à d'autres, chez qui la naissance
tiendra lieu de courage et de talents. 3.º Les
Français allaient au feu, conduits par des gé-
géraux parvenus à leurs grades à force de courage, à côté de vieux soldats qui les encou-
rageaient et les soutenaient. Ces deux choses

manquent aujourd'hui. Les premiers généraux ont trahi, les soldats ne s'exposeront pas à l'être une seconde fois ; quant aux vieux soldats, ils ont tous quitté les armes, ou bien ils ont été licenciés à cause de leur attachement à l'Empereur. On ne pourra donc avoir dorénavant que des troupes jeunes et sans expérience.

4.° Toutes les fois que les armées entraient en campagne, l'Empereur les passait en revue, leur faisait des proclamations, et bientôt après, il marchait à leur tête, les commandait dans les batailles, combattait à leurs côtés ; surtout, jamais général n'a eu, comme lui, le talent de récompenser ceux qui s'étaient distingués. Tout le monde sait que ce qui influe le plus sur la conduite des soldats Français, c'est l'honneur ; que c'est là le mobile de toutes leurs actions, le moyen de leur faire tout entreprendre. Hé bien ! si sous la république et pendant la durée du règne de Napoléon, on a vu des actions si éclatantes de la part des soldats, c'est l'espoir des récompenses d'honneur qui conduisait ces braves au champ de gloire qui était si souvent pour eux le champ de la mort. Quand on réfléchit que le pâtre le plus ignorant, descendu des montagnes les plus sauvages, une fois dans les rangs français, pouvait obtenir, par son courage, la même récompense que son colonel et son général, et qu'enfin après une bataille où il se serait signalé, on lui délivrerait la décoration la plus glorieuse, celle dont s'honoraient alors tant de braves de toutes les nations, celle que portent les premiers monarques de l'Europe; si, dis-je, on apprécie cette manière de récompenser le soldat, on restera persuadé que rien ne pouvait résister à des armées animées d'un tel espoir.

Il est une dernière réflexion : si la France, par un de ces malheurs qui consomment la ruine des empires, était obligée de soutenir une guerre, à quel général confierait-on le commandement en chef de l'armée ? Je le demande ici à tout homme de bonne foi : après avoir cherché parmi tous les officiers de l'armée, soit ceux qui ont servi sous Bonaparte, soit ceux qui sont rentrés avec le roi, lequel pourrait-on indiquer qui fût à même de remplacer Napoléon ! La France fourmille d'officiers d'un courage éprouvé, d'excellens généraux de brigade et de division : mais en est-il un seul à même de diriger les opérations d'une grande armée ?

Tandis que les armées françaises se diminuent ainsi, les Anglais, toujours guidés par la même politique, débarquent journellement des troupes dans la Hollande, la Belgique, la

Flandre, la Hanovre, la république de Gênes, et, d'un autre côté, engagent Louis XVIII à envoyer une armée dans les Indes. Toutes ces manœuvres auront-elles un résultat qui donne à la France une force militaire qui rétablisse son équilibre? Non, ce dernier moyen est encore perdu pour elle.

COMMERCE.

Par la prohibition des marchandises anglaises en France, on avait été obligé, pour s'en procurer du même genre, de les fabriquer; pour ne rien laisser à désirer, les fabricans en rivalité, avaient tellement perfectionné ces sortes d'ouvrages, qu'ils pouvaient soutenir la concurrence avec ceux des manufactures de l'Angleterre et des Indes: voilà donc une branche de commerce qui, en détruisant la même partie, dans celui des Anglais, produisait le double avantage d'enrichir le négociant français et de faire vivre ses ouvriers, donnait de l'émulation aux artistes, et rendait des droits considérables au gouvernement.

On dira peut-être, que la même prohibition des marchandises étrangères subsiste encore, et qu'ainsi l'industrie nationale n'a rien perdu: mais une seule observation suffit pour réfuter cette objection. Toute l'Italie, administrée comme la France, était forcé de ne recevoir que des marchandises françaises : l'Allemagne n'en consommait pas d'autres depuis dix ans, la consommation était triple. Aujourd'hui, au contraire, l'Italie les recevra des Anglais, par le moyen des relations qu'elle entretient avec eux sur mer. Il en était de même d'une grande partie de l'Espagne, où l'on avait organisé des douanes, pour empêcher l'importation de toutes marchandises outre celles venant de France. Mais l'Angleterre a un traité avec l'Espagne ; par lequel cette dernière s'engage à ne recevoir des marchandises en laine et coton, que des Anglais. Le débit des marchandises françaises se trouve donc réduit au seul territoire de la France. Or, tous ceux qui ont quelque idée du commerce, conviennent que celui qui se fait dans l'intérieur, n'occupe qu'un très-petit nombre d'ouvriers, et n'enrichit personne ; donc, par la paix de l'Angleterre avec les autres puissances de l'Europe, le commerce de la France est entièrement perdu : aussi ses immenses relations avec l'Espagne, l'Italie, l'Allemagne et la Russie, ont presque entièrement cessé.

L'industrie nationale avait donné naissance à une branche de commerce moins étendue, mais infiniment plus lucrative ; cette partie consistait dans le commerce d'entrepôt et de roulage. Les routes de l'Espagne, de l'Italie, de l'Allemagne et des royaumes du Nord étaient couvertes de voituriers, qui, en vivant de ce travail, enrichissaient les provinces qu'ils parcouraient, par la grande consommation qu'ils faisaient des denrées; par ce moyen, ils faisaient circuler dans l'intérieur et en détail, l'argent des étrangers, de même que les fabricans le distribuaient, dans leurs ateliers, aux ouvriers qu'ils occupaient. Il en résultait encore un autre avantage pour les marchandises, c'est qu'elles n'étaient pas sujettes à périr ou à être avariées, comme en voyageant sur mer. Aujourd'hui, quand bien même on pourrait fournir aux étrangers les mêmes marchandises, le transport chez eux se ferait par mer; on conçoit qu'il serait moins dispendieux, que par conséquent il rendrait moins d'argent au voiturier, et qu'ainsi il en entrerait moins en France; ce qui est une perte réelle, sur-tout quand cet argent est gagné par une classe de citoyens qui le dépensent en le recevant; on sent sur-tout combien cette perte est grande, quand on réfléchit que tous ces frais étaient payés par le consommateur, qui était l'étranger.

Quant aux marchandises qui, avant la révolution, faisaient la fortune de la plupart des villes

villes de France, telles que les soieries, cha-
pelleries, etc.; elles ne peuvent désormais remplacer ce que l'on perd d'un autre côté, et en
voici deux raisons principales: 1.º les nombreux établissemens des fabricans de ces étoffes
dans les pays ci-devant réunis; 2.º la difficulté
d'obtenir les matières premières de soie et
autres qui viennent de ces mêmes pays, mais
sur lesquelles les souverains ont mis des droits
d'exportation exorbitans : par ces deux raisons,
il est facile à concevoir que les étrangers pré-
fèreront consommer les produits de leurs manufactures, quand ce ne serait que par économie
puisqu'elles coûteront moins que celles venant
de France.

Outre cela, le commerce se fera, de la part
des Français, avec beaucoup plus de cir-
conspection, et par conséquent avec moins
d'étendue: voici la cause de cette prudence.
Par sa réunion à la France, l'Italie ne faisait
en quelque sorte qu'une province du grand
empire, les sujets étaient régis par les mêmes
lois, justiciables des mêmes tribunaux; aujour-
d'hui, s'il s'élève des difficultés entre les né-
gocians des deux royaumes, comment et par
qui les faire décider? Il faudra nécessairement
que l'un des plaideurs paraisse devant un
juge qui n'est pas le sien naturel, et personne

n'ignore quelle défiance cette distraction produit chez celui qui est souvent obligé de plaider : ce sera encore-là une des principales causes de la décadence du commerce français.

En perdant leur débit, les manufactures n'emploieront plus la même quantité d'œuvriers : ces ouvriers, ou du moins le petit nombre qui sera occupé, gagnant peu, vivra pauvrement, et perdra son énergie et l'orgueil national qui naissent de l'aisance où se trouve chaque individu. Ceux qui manqueront de travail s'expatrieront, ce sera une perte encore plus grande ; car c'est toujours un désavantage pour l'Etat, d'avoir plus d'hommes qu'il n'en peut occuper : c'est au contraire toujours un grand bien, de pouvoir retenir tous les enfans, soit en les occupant dans l'intérieur, soit en les envoyant aux armées ; autrement, ils n'ont point de fortune, point de parens ; partant, point de patrie, et ce sera désormais le lot des Français, chez qui la masse du peuple ne pourra qu'être misérable.

Si l'agrandissement du commerce introduit le luxe et la mollesse, deux grands maux dans un Etat, le défaut de commerce, ou seulement sa diminution, produit aussi le besoin, même la pauvreté ; de là, le découragement dans les arts mécaniques ; de là, la perte de l'Etat.

AGRICULTURE.

Quand l'agriculture est-elle plus florissante, ou, lorsque, sans qu'il soit resté du terrain inculte, toutes les denrées sont vendues facilement et à un prix très-élevé ; ou bien, quand avec une abondance encore plus grande, les mêmes denrées sont à un prix si modique, qu'il ne suffit pas pour payer les soins et le travail du cultivateur ? C'est en prononçant sur cette question, que l'on apprendra si l'agriculture peut gagner par le changement des choses.

Au mois de décembre 1813, la mesure de blé se vendait 4 fr. 50 c. : la même mesure, en juin 1814, ne se vendait pas 3 fr., et cependant la récolte n'était pas encore levée : on peut juger d'avance si le prix s'élèvera bien haut, quand les greniers seront de nouveau remplis. Dans l'espace de huit mois, le propriétaire de biens ruraux, ainsi que le fermier, se sont trouvés dans ces deux positions différentes : l'une les mettait à même de faire face à leurs dettes et de payer régulièrement les impôts ; dans l'autre, il ne leur est pas possible de se maintenir au niveau de leurs affaires. Il est à remarquer qu'à l'époque des travaux de 1813, les hommes étaient plus rares qu'au moment actuel que par conséquent la main-d'œuvre a été plus dispendieuse. Qu'est-ce donc qui doit dédommager celui qui a été forcé à une grande dépense pour faire croître du blé, du vin (1)? Ce ne peut être que la vertu de ces mêmes objets, et cependant leur prix diminue tous les jours ; la position des habitans de la campagne devient donc pire chaque jour ; et cela est d'autant plus vrai, qu'aucune diminution dans l'impôt, dans les charges quelconques, dans le prix des denrées étrangères, et dans les objets qui servent à l'entretien, ne vient les indemniser de la perte qu'ils éprouvent dans leurs revenus (2). On avait proposé de mettre l'impôt des droits réunis sur le propriétaire ; il ne

---

(1) On dira peut-être que l'augmentation du prix des vins est un démenti formel à ce que j'avance ; une seule observation me justifie, c'est qu'à l'égard des vins, nous nous trouvons dans une position unique, qui cause leur augmentation ; c'est la grande consommation des armées alliées et françaises qui a mis les caves à sec, et en second lieu, la nullité de la récolte prochaine, c'est-à-dire de 1814.

(2) Je ne rappelle point ici les maux résultans de l'invasion, tels que l'incendie des granges, la dévastation des champs ; ceux causés par l'épizootie, qui sont si grands, qu'il faudra de nombreuses années pour rétablir les affaires de ceux des cultivateurs qui ne sont pas entièrement ruinés.

manquait plus que cela pour aggraver sa con-
dition. En vain l'on dit : le propriétaire y trou-
vera son compte, en vendant le vin plus cher
au consommateur. C'est-là un raisonnement
dépourvn de sens. En effet, il faut réfléchir
que du moment de la récolte à celui de la
vente, 1.° la quantité du vin diminue par le
dépôt que fait cette liqueur; 2.° le propriétaire
perd, dans le courant de l'année, soit par la
pousse, soit par d'autres accidens, un cinquième
au moins de sa récolte, cela est prouvé par
l'expérience; 3.° enfin, s'il garde long-temps
son vin, il aura fait, en payant les droits, l'avance
de fonds dont il ne tire aucuns revenus. Ainsi,
le transport de cet impôt du consommateur au
propriétaire, loin d'être avantageux à quelqu'un,
ne servirait à personne, puisque le propriétaire
souffrirait, sans que cette perte soulageât en
rien le consommateur. Ce changement ne serait
pas même un remède palliatif contre le mal
que fait l'exercice des droits réunis, puisqu'il
faudrait faire, dans la cave du propriétaire, les
inventaires que l'on fait dans celles des caba-
retiers, cafetiers, etc.

Pour en revenir à l'agriculture, il est prouvé,
par les statistiques de tous les départemens, que
jamais elle n'a produit autant qu'aujourd'hui en
denrées de toutes espèces : le propriétaire perd

donc doublement, d'abord par l'augmentation des récoltes, puis dans la diminution des prix de chaque denrée, et bien plus encore par la difficulté qu'il éprouve dans la vente; cette difficulté augmente progressivement en raison de la rareté du numéraire. Ce qu'il y a de malheureux pour le propriétaire, c'est qu'une fois en arrière dans ses affaires, il lui est impossible de se retrouver jamais au courant; cela vient de ce que les charges sont toujours les mêmes, tandis que les bénéfices n'augmentent jamais: on peut là-dessus consulter les cultivateurs.

ESPRIT PUBLIC, INTÉRÊT NATIONAL.

On a vu que les grands ressorts manquent pour remettre la France dans l'équilibre politique et relever sa grandeur, puisqu'elle ne peut rien attendre de la force des armes, rien faire au moyen de l'argent, les ressources pour le rétablissement des finances, étant entièrement perdues. Il est d'ordinaire un remède, qui est à tous ces maux, ce que la patience et le courage sont pour l'infortuné qui a tout perdu; ce remède a produit chez certains peuples, des effets d'autant plus heureux, qu'ils résultaient d'actions plus libérales et plus désintéressées; on comprend bien qu'ici je veux parler de

l'esprit public. Sans rappeler les exemples don-
nés deux fois par les républiques d'Athènes et
de Lacédémone, par les Romains sur le point
d'être assiégés par Annibal, ni même par les
Français sous Louis XIV, lorsque ce prince
eut mis la France à deux doigts de sa perte.
Nous avons sous les yeux deux exemples de ce
que peut faire une nation chez qui règne un
bon esprit, l'Espagne et l'Angleterre. L'une
combattait uniquement par amour-propre; c..r
tout considéré, qu'importe aux peuples, quand
ils doivent être gouvernés par un seul homme,
qu'ils le soient par tel ou tel, pourvu que celui
qui est, les rende heureux. La providence en
créant le monde, fit tous les hommes égaux.
Lorsque quelques-uns se firent remarquer par
plus de talents et de vertus, par plus des courage et de génie, les autres durent les choisir
pour leurs chefs, et cela par une raison bien
simple : celui-là, disaient-ils, nous rendra
bons en nous donnant l'exemple des vertus; à
son exemple aussi, nous nous instruirons; son
courage nous défendra contre nos ennemis, ses
lumières étendront nos connaissances; c'est
donc à lui qu'il faut nous rallier. Telle fut l'origine de la royauté. Mais y a-t-il une raison pour
que dans trois cents ans, les descendants du
même homme donnent des lois au même peu-

ple , et fassent son bonheur ? L'Espagne nous prouve encore que cela arrive tout différemment, malgré que les Espagnols n'aient souffert tant de maux que pour rétablir les Princes qui régnaient sur eux avant la guerre. Ah! que Ferdinand n'imite-t-il la conduite d'un Prince qui a été plus malheureux que lui , à qui sa patrie ne rappelle que des souvenirs amers ; mais pour qui l'exil et les douleurs n'ont été que l'école de la Philosophie; Ferdinand justifierait à la fois , et la guerre ridicule qu'ont soutenue ses peuples , et les horreurs qu'ils ont commises contre les malheureux soldats Français ; car , que ne fait-on pas dans l'espoir de devenir heureux.

L'Angleterre, conduite par une ambition démesurée , par une soif insatiable d'or et d'argent, surtout par la haine nationale qu'elle porte à la France , a entrepris, soutenu et terminé une guerre de laquelle résultait sa fortune en cas de réussite, et sa ruine dans le cas contraire. En effet, que serait devenu le gouvernement Anglais, si la France n'eût pas succombé ? Depuis dix années il fournissait de l'or, des armes, des chevaux, des soldats , et tout cela pour réduire la France , et surtout renverser son empereur, qui, de son côté , mettait tout en usage pour réduire le commerce et la force maritime de l'Angleterre. Tout était perdu pour ce peuple, les hommes devenaient rares, l'argent manquait (le gouvernement avait émis un papier-monnaie), les finances ne pouvaient se rétablir, puisqueNapoléon leurempêchaitde commercer avec près des deux tiers de l'Europe ; tout était perdu, dis-je, s'il avait fallu soutenir la guerre encore quelques mois, si Napoléon n'eût pas succombé. Ce sont des citoyens Anglais qui nous ont appris la position où se trouvait leur pays. Mais la nation entière et chaque Anglais en particulier, étaient dévoués ; soutenaient, aux périls de la fortune et de la vie, le système du gouvernement.

En France les choses sont bien différentes, il ne peut y avoir aujourd'hui d'intérêt national ; la raison en est simple, c'est qu'il n'y a pas un esprit public qui soit général et uniforme. L'esprit public n'est autre chose que l'opinion de tous les individus composant la société, pris collectivement sur les affaires de l'Etat ; si tous ces individus ont la même pensée, il y aura le même but dans leurs désirs : voilà en quoi consiste l'intérêt national. Il faut, pour que l'esprit public domine, ou tout au moins l'emporte en faveur du gouvernement, que chaque citoyen aime ce gouvernement, que personne n'en désire un autre. Que nous sommes loin du temps où cela pourra être ainsi ! Il faut qu'au moins deux générations s'écoulent ; afin que, pendant ce temps, les esprits perdant cette idée de domination, trop faite pour les séduire, ils se trouvent au niveau des autres peuples, de même que la force réelle de la France se trouve au-dessous de celle des autres nations; il faut enfin que la France soit peuplée d'hommes qui n'aient pas connu leur grandeur, afin qu'ils puissent ne pas rougir de leur humiliation.

Comment exiger que tous les Français aiment également l'ordre de choses actuel? La population est composée de trois sortes de citoyens : les uns qui, séduits par les idées libérales de la Constitution de 92, avaient eu l'espoir de vivre, sinon républicains, du moins sous un gouvernement libre ; déçus par l'oppression anarchique, puis ensuite par l'acte qui fit du général Bonaparte, l'empereur des Français, ils en furent réduits à ronger leur frein, et à gémir en silence de ce que la patrie redevenait un état monarchique. Les autres, après avoir vaincu, pendant dix ans, sous Bonaparte, furent élevés, par le gouvernement impérial, aux premières dignités de l'Etat; places honoraires, emplois lucratifs, retraites honorables, tout leur fut amplement et exclusivement réservé et accordé. Par la chute de leur maître, ils perdent ces belles prérogatives ; oserait-on encore exiger d'eux de l'attachement et de la fidélité pour un gouvernement qui les prive de leur fortune pour la transporter à ses créatures ?

Dans la troisième classe, les uns sont royalistes par système, les autres par intérêt ; ceux-ci, parce que, émigrés avec les Bourbons, ce n'est que par le retour de cette famille qu'ils peuvent retrouver leur existence ; ceux-là, par l'amour du changement, ou parce qu'ils n'aimaient pas l'empereur. Or, si une partie des Français préfère la royauté, par la même raison, les créatures de Napoléon doivent désirer qu'il remonte sur le trône : circonstance de laquelle dépendent leur fortune et leur gloire. Par une raison du même genre encore, les républicains n'aimeront pas mieux le roi qu'ils n'aimaient l'empereur. De ce choc d'opinions, il ne peut rien résulter d'avantageux pour le gouvernement. Une dissension continuelle minera tout ce qui pouvait rétablir l'ordre et la force ; en un mot, de même qu'il ne peut y avoir de l'esprit public, il n'y aura point d'intérêt national ; et par une conséquence trop malheureusement nécessaire, il ne peut y avoir aucune force dans le gouvernement qui est soutenu par la moindre partie des citoyens.

Les Français se jettent aveuglément dans tous

les excès ; ils reçoivent avec une facilité imbé-
cille l'influence de tous leurs voisins ; suivent le
premier homme qui veut les conduire , ou ac-
ceptent follement le gouvernement qu'on leur
présente. Ils ont successivement, dans l'espace
de vingt années, essayé de la royauté constitu-
tionelle, de la république, du consulat, de l'im-
périalité, et sont enfin retombés sous un roi qui
leur a fait la grâce de leur *octroyer* une constitution à sa manière.

Si la France, l'Europe, le monde entier ne
l'avaient pas sous les yeux, il n'est personne
qui voulût le croire : qu'un homme que les Français ont tiré de sa retraite pour l'élever sur le
trône, prétende être leur maître depuis vingt
ans ; il faut en convenir, ce serait là une excel-
lente plaisanterie, si elle n'était pas un outrage
fait au peuple français. Quelle foule d'inconsé-
quences naissent de cette prétention ! Tout ce
qui s'est fait depuis vingt-cinq ans est illégitime
et fait en minorité ; réfléchissez à ce qui en ré-
sulte, les détails seraient trop longs : mais, cons-
titutions, traités, jugemens, mariages, nais-
sances, etc., sont illégaux ; vous vivez, Français,
au milieu de concubines, de bâtards, de juges
iniques, ou pour tout dire d'un seul mot, vous
n'êtes qu'une horde de brigands sans lois. Tel
est le résultat du système de Louis dix-huit : ne

vous en prenez qu'à vous, si l'on vous humilie
à ce point. Quels égards méritez-vous, à quel
titre, de quel droit prétendriez-vous à l'estime
des étrangers ou de vos princes? Vous avez été
soumis par les premiers; les autres seraient bien
peu sensés de faire pour vous, plus que vous ne
faites vous-mêmes. Vous voulez un Roi sans constitution, un Empereur à la manière des Asiati-
ques, et vous attendez de lui des lois, une
constitution qui doivent le lier! C'est exiger
qu'un homme prépare d'avance ses chaînes, un
cachot ou un échafaud, lorsqu'il médite un délit.
Peuple léger, vous n'aurez que ce que vous mé-
ritez; cette fois, au moins, vous ne vous en
prendrez qu'à vous : on vous avait généreuse-
ment laissés maîtres de votre choix, vous pouviez
préparer une constitution, la méditer, la présenter au Roi que vous aviez choisi, en lui di-
sant: cette constitution, ou point de sceptre;
ce roi est grand, libéral, vertueux; en un mot,
il eut accepté tout ou rien; et une fois accepté,
il aurait tenu parole. Vous n'avez donc pas ré-
fléchi, qu'en rentrant en France, il arrivait
entouré d'une foule de gens qui ont des droits
à recouvrer, une fortune à rétablir, des repré-
sailles à exercer; des gens dont les qualités
dominantes sont la lâcheté, la traîtrise et l'ingratitude, enfin de prêtres et de nobles qui,

depuis vingt ans, méditent la vengeance qu'ils exerceront contre vous.

Un des grands moyens que l'on a fait valoir contre Napoléon, c'est son despotisme et l'abus qu'il avait fait du pouvoir, pour enfreindre la constitution. Bientôt, disait-on, nos propriétés et nos personnes ne seront pas mieux respectées que les droits de la nation ; et pour offrir un remède à ce mal, lorsque le Roi est monté sur le trône, on a fait une constitution qu'il a promis de maintenir et faire respecter. Abuse-t-on ainsi de la crédulité et de la confiance des peuples ! A peine la constitution est-elle signée, que l'on y déroge, que l'on supprime même un des articles de la charte ; cet article, le plus essentiel de tous, faisait espérer un gouvernement libre et paternel ; il donnait aux citoyens l'espoir qu'ils pourraient instruire le prince de leurs besoins, l'avertir de ses dangers, lui faire ouvrir les yeux sur la conduite des ministres. Si la liberté de la presse est une preuve des bonnes intentions du gouvernement, que pensera-t-on de l'établissement de la censure ? Français, vous aurez maintenant la liberté de faire des réflexions, mais non de les publier : en voici une, à la vérité bien désespérante pour vous, mais elle est juste, elle est naturelle. En supprimant la liberté de la presse, on a attaqué les propriétés des citoyens, on a flétri l'orgueil national. On a attaqué leurs propriétés : tout le monde sait que le domaine de la pensée est susceptible d'une exploitation qui a fait la fortune d'une foule d'auteurs, qui désormais ne pourront vivre de leurs talens. On flétrit l'amour-propre, et cela de deux manières : 1.º parce que les Français ont été déçus par l'espoir d'un peu de liberté, et que l'on s'est ensuite joué de leur confiance dans les promesses du Roi. 2.º Parce que dorénavant des censeurs leur feront éprouver mille contrariétés pour obtenir l'impression d'ouvrages, dans lesquels le caprice ou l'ignorance de ces mêmes censeurs se plaira à trouver des idées contraires au repos de l'Etat. Enfin, sans rien ajouter aux trop nombreuses réflexions de la chambre des députés et aux écrits publiés en France sur la liberté de la presse, on peut dire avec autant de raison que de justesse, que l'établissement d'une censure après avoir solennellement promis la liberté de la presse, est le dernier coup porté à l'intérêt national, et le coup de grâce à la liberté. En effet, si l'on déroge à un article qui intéressait tout le monde, et sur-tout cette classe de citoyens qui, en faisant la gloire de leur patrie, marchent souvent d'un pas égal à la fortune et à l'immortalité; si l'on détruit déjà ce qui pouvait seul être en même temps une garantie pour les sujets , et l'effroi des ministres prévaricateurs : si l'on attaque enfin ce qu'il y a de plus sacré en mettant un frein aux auteurs et aux artistes de tous les genres : si la marche du génie est semée d'entraves et de précipices , le reste ne sera plus qu'un jeu, et la constitution qu'on a présentée aux Français était un voile sous lequel la tyrannie se dérobait à leurs yeux.

Tel est l'état actuel de la France, qu'elle se trouve à la merci du premier Roi qui voudra tenter sa conquête, puisqu'elle n'a point d'armée pour se défendre ; de ceux qui voudront gagner son Sénat et ses Généraux , qui ne sont autre chose que des traîtres ; ou de la Nation qui, pour de l'argent, obtiendra d'elle des traités ruineux ; en un mot, sans ressource contre l'invasion , la guerre civile, et en proie à tous les maux qui naissent d'un Gouvernement sans bases chez un peuple sans énergie.

CORNEX, *Républicain cosmopolite.*